Inhalt

Steuerrechtsänderungen für die Versicherungsbranche

Kernthesen

Beitrag

Fallbeispiele

Weiterführende Literatur

Impressum

Steuerrechtsänderungen für die Versicherungsbranche

A. Kaindl

Kernthesen

- Die Unternehmenssteuerreform des Jahres 2000 hat bei vielen Versicherungsunternehmen zu der Situation geführt, dass diese in der Steuerbilanz Gewinne ausweisen und Steuern zahlen, obwohl diese handelsrechtlich Verluste machen.
- Um eine Krise in der Versicherungsbranche zu verhindern, hat die Regierung das Steuerrecht für Lebens- und Krankenversicherer im Oktober 2003 geändert.

- Die beschlossenen Gesetzesänderungen führten zu Kursaufschlägen für Versicherungstitel. Außerdem werden die Änderungen die Ergebnisse der Versicherer in diesem Jahr verbessern. Trotzdem drängt die Versicherungswirtschaft auf weitere Steuererleichterungen.

Beitrag

Auswirkungen der Unternehmenssteuerreform auf die Versicherungswirtschaft

Die Unternehmenssteuerreform aus dem Jahre 2000 hat bei vielen Versicherungen zu einer paradoxen Situation geführt. Die Firmen sind steuerlich reich, obwohl sie handelsrechtlich arm sind, d.h. die Firmen müssen Steuern zahlen, obwohl diese Verluste schreiben und ihnen womöglich sogar der Konkurs droht. (3)

Das Problem entstand mit dem in der Unternehmenssteuerreform des Jahres 2000 beschlossenen und ab 2002 voll wirksamen Halbeinkünfteverfahren. Dabei zahlen ausschüttende

Gesellschaften 25 Prozent Definitivsteuer auf Dividenden. Ist der Empfänger der Dividende eine Kapitalgesellschaft, sind alle Gewinne aus Aktien steuerfrei, einschließlich der Gewinne aus dem Verkauf der Wertpapiere. Im Gegenzug dürfen aber bei schlechtem Verlauf der Börse, die anfallenden Verluste nicht steuerlich gewinnmindernd angerechnet werden. Lebens- und Krankenversicherer müssen einen Großteil ihrer Gewinne ansparen laut Gesetz mindestens 90 Prozent der Kapitalerträge in der Lebens- und mindestens 80 Prozent in der Krankenversicherung , um sie später an ihre Kunden auszuschütten. Diese Rückstellungen müssen sie auch in schlechten Börsenjahren bilden. In der Handelsbilanz mindert dies den Gewinn, in der Steuerbilanz werden die Kursverluste aber nicht anerkannt, was unter dem Strich dazuführt, dass etliche Firmen Steuern bezahlen müssen, obwohl sie faktisch Verluste schreiben. Handels- und Steuerbilanz fallen auseinander. Es wird befürchtet, dass dadurch einzelne Versicherungsunternehmen in erhebliche wirtschaftliche Schwierigkeiten geraten. In einem Papier des GDV (Gesamtverband der Deutschen Versicherungswirtschaft) ist sogar von einer Gefährdung großer Teile der Branche durch eine künstlich herbeigeführte Besteuerung die Rede. Vier bis fünf kleinere und mittlere Unternehmen könnten, wie es in Branchenkreisen heißt, in die Pleite getrieben werden. (4), (7), (12)

Die aktuelle Gesetzeslage führt dazu, dass in guten Börsenjahren die Lebens- und Krankenversicherer fast automatisch steuerlich gesehen- Verluste machen in schlechten Jahren ist das umgekehrt. Schematisch und verkürzt dargestellt: In einem guten Börsenjahr nimmt ein Versicherer 10 Mio. Euro Zinsen aus vor allen festverzinslichen Wertpapieren und 5 Mio. Euro Aktiengewinne ein. Von diesen 15 Mio. Euro stehen den Kunden 90 Prozent, also 13,5 Mio. Euro, zu. Es bleibt ein Gewinn in Handelsbilanz von 1,5 Mio. Euro. Die Erträge in der Steuerbilanz belaufen sich nur auf 10 Mio. Euro, denn die Aktienerträge werden steuerlich nicht gerechnet. Als Ausgaben kann der Versicherer 13,5 Mio. Euro Gutschriften an Kunden geltend machen, d.h. es ergibt sich ein steuerlicher Verlust von 3,5 Mio. Euro. Diese positive Wirkung schlägt in schlechten Börsenjahren ins Gegenteil um. Der Versicherer nimmt wieder 10 Mio. Euro an Zinsen ein und realisiert an der Börse einen Verlust von 5 Mio. Euro. Es verbleiben nach Handelsrecht 5 Mio. Euro, von denen werden den Kunden 4,5 Mio. Euro gutgeschrieben. Es ergibt sich ein Gewinn von 0,5 Mio. Euro. Im steuerlichen Abschluss, darf der Versicherer die 5 Mio. Euro Börsenverluste nicht ansetzen. Von den 10 Mio. Euro Zinserträgen dürfen die Ausgaben für die Zuführung an die Versicherungsnehmer i.H.v. 4,5 Mio. Euro abgezogen werden. Es ergibt sich ein zu versteuernder Gewinn von 5,5 Mio. Euro. (7)

Seit Monaten bearbeiten die Assekuranzriesen die Regierung, diskret werben Vorstände der Allianz oder Lobbyisten des Gesamtverbandes der deutschen Versicherungswirtschaft für ihr Anliegen, dem zufolge die Versicherungsunternehmen das alte Körperschaftsteuerrecht wieder anwenden dürfen, mit dem Veräußerungsgewinne versteuert werden müssen und die entsprechenden Verluste den steuerlichen Gewinn mindern. (4), (9), (12)

Die Lebensversicherungen sind die populärste, weil bislang verlässlichste, Form der privaten Altersvorsorge. Es gibt mit 90 Millionen Policen mehr Vertragsabschlüsse als Einwohner. Bislang galten die Lebensversicherungen unter allen nur denkbaren Möglichkeiten der Privatvorsorge als die konservativste. Um im Wettbewerb mit den Aktienfonds mithalten zu können, begannen die etwas 130 konkurrierenden Lebensversicherer in Deutschland durch massive Aktienkäufe ihre Renditen zusteigern. Die Lebensversicherer haben durch die Kursstürze an der Börse in den vergangenen Jahren mehr als 100 Milliarden Euro verloren, weil die Aktien, in denen ein Teil der Kundengelder angelegt wurde, drastisch an Wert eingebüßt haben. Mit der Mannheimer

Lebensversicherung geriet wegen der hohen Abschreibungen bereits eine Lebensversicherung in Schieflage. Deren Verträge mussten von der bislang freiwilligen Auffanggesellschaft der Versicherungen, namens Protektor, übernommen werden. (1), (3)

Beschlossene Gesetzesänderungen für die Versicherungsbranche

Um eine Krise der Versicherungsbranche zu verhindern, beschloss die Regierung bereits zweimal massive Steuererleichterungen für die Branche:

Zum einen durften die Versicherungen ihre riesigen Wertpapierverluste nach den Anschlägen vom 11. September 2001 aufgrund einer Änderung des Handelsgesetzbuches verzögert abschreiben: Bis zur Gesetzesänderung mussten Versicherer Verluste aus Börsengeschäften umgehend in ihrem Jahresabschluss ausweisen. Diese Bilanzierungsvorschrift hätte dazu geführt, dass viele Versicherer bereits im Jahresabschluss 2001 rote Zahlen hätten veröffentlichen müssen. Der GDV intervenierte beim Finanzministerium, ob es nicht möglich sei, Kursverluste nur dann im Jahresabschluss ausweisen zu müssen, wenn diese dauerhaft sind. Das Ministerium zeigte sich verständnisvoll, das Handelsgesetzbuch (§ 341 b HGB) wurde im März 2002 wie gewünscht geändert, so dass die Assekuranzen ihre gefährlichen Bilanzrisiken weiter vor den Anlegern und Verbraucherschützen verstecken konnten. Die Öffentlichkeit nahm kaum Notiz. Die Branche hoffte auf ein baldiges Ende der Börsenkrise. Doch die Aktienkurse fielen weiter und die Risiken in den Bilanzen der Lebensversicherer wurden immer unkalkulierbarer. Allein im Jahr 2002 häuften sich bei den Unternehmen Verluste aus dem Kapitalanlagengeschäft in Höhe von 51,5 Mrd. Euro. Gemäß der Änderung des § 341 b HGB müssen in den Jahresabschlüssen nur dauerhafte Kursverluste ausgewiesen werden. Doch wann sind Kursverluste dauerhaft? Unter den Wirtschaftsprüfern herrschte Ende 2002 weitgehend Einigkeit darüber, dass etwaige Kursverluste ab 2003 in den Jahresabschlüssen auszuweisen sind. (3)

Zum anderen können Lebens- und Krankenversicherer nach einem Beschluss des Bundestages im Oktober 2003 in künftigen Perioden und rückwirkend für das laufende Geschäftsjahr ihre Verluste aus Beteiligungen wieder von der Steuerschuld abziehen. Davon profitiert die Branche massiv, denn die Lebensversicherer schieben noch immer fünf Milliarden Euro Aktienverluste als stille Lasten vor sich her. Nach Angaben aus

Regierungskreisen stellt die Neuregelung die Steuerpraxis für Kranken- und Lebensversicherer wieder auf den Status von vor der Unternehmenssteuerreform des Jahres 2000. Mit der Vorschrift werden Beteiligungserträge und Veräußerungsgewinne aus Beteiligungen vollständig in die Steuerpflicht einbezogen, Beteiligungsverluste (insbesondere Teilwertabschreibungen und Veräußerungsverluste) sind dann steuerlich abziehbar. (1), (3), (11)

Korrekturwünsche an den beschlossenen Gesetzesänderungen

Die Versicherungsbranche zeigt sich mit den Steuererleichterungen ab dem Jahr 2003 noch nicht zufrieden und möchte diese auch rückwirkend für die Jahre 2002 und 2001 durchsetzen. Begründung: Die Versicherungsunternehmen, die bereits 2001 und 2002 ihre Kursverluste abgeschrieben haben, konnten diese nicht steuerlich geltend machen. Dadurch entstehe laut GDV eine Benachteiligung jener Versicherer, die ihre Wertberichtigungen nicht aufgeschoben haben. (1), (6)

Der GDV dringt auf zwei Korrekturen an den beschlossenen Gesetzesänderungen: Erstens soll die Rückwirkung im weiteren Gesetzgebungsverfahren auf die Jahre 2002 und 2001 ausgedehnt werden. Zweitens soll die geplante Aussetzung des so genannten Halbeinkünfteverfahrens für Lebens- und Krankenversicherer nicht für 100 Prozent ihrer Aktiengewinne oder verluste gelten. Stattdessen soll nur der Teil betroffen sein, der den Kunden mindestens gutgeschrieben wird. Würden auch die Anteile, die den Aktionären oder Inhabern zustehen, unter die Neuregelung fallen, würden Dividenden effektiv zwei Mal besteuert, denn seit 2002 werden Dividenden auch bei der ausschüttenden Firma besteuert. (7)

Die bereits vom Bundestag beschlossenen Steuererleichterungen für die Versicherungsbranche werden zurzeit im Vermittlungsausschuss zwischen Bundestag und Bundesrat verhandelt. Die Wahrscheinlichkeit, dass in den Verhandlungen zwischen Bund und Ländern nachgebessert wird, ist groß. Am Ende wird die Einsicht siegen, dass insolvente Versicherungsunternehmen keine Quelle für Steuereinnahmen mehr sind. Mit einer endgültigen Entscheidung wird zum Jahresende gerechnet. (1), (9)

Fallbeispiele

Die Münchener Rück begrüßte die geplanten Steuererleichterungen der Bundesregierung. Laut einem Sprecher des Unternehmens würden sich dadurch die seit Jahresanfang gebildeten Steuerrückstellungen reduzieren. Es wurden jedoch keine Zahlen genannt. Die Allianz kommentierte die Pläne des Finanzministeriums nicht. Bei Research-Häusern wie HSBC wurden Münchener Rück, AMB Generali, Axa Lebensversicherung und Allianz als Hauptgewinner einer fiskalischen Umorientierung genannt. (4)

Die Entscheidung der Bundesregierung den Versicherungsunternehmen Steuererleichterungen einzuräumen, führte an den Börsen zu deutlichen Kursaufschlägen für die Titel von Allianz und Münchener Rück. (5)

Die geplante Neuregelung würde die Ergebnisse der Versicherer in diesem Jahr schlagartig verbessern. Vor allem die Münchener Rück könnte von der Neuregelung der Besteuerung mit etwas 750 Mio. Euro profitieren, berichtet die Financial Times. Nach der neuen Rechtslage hätte der Konzern sogar einen leichten Gewinn erzielt den er versteuern müsste. Auch andere Versicherer mit hohen Verlusten aus Aktienspekulationen würden von der Gesetzesänderung profitieren, wie die Allianz und die Aachener-Münchener/Generali. (6), (10)

Das vom Bundestag beschlossene Wahlrecht bei der Besteuerung von Kapitalerträgen bei Lebens- und Krankenversicherern wird nach Angaben der WestLB nur ein kleiner Befreiungsschlag sein. Da keine Rückwirkung für 2001 und 2002 geplant sein, müssten 2,1 Mrd. Euro Steuern nachgezahlt werden, heißt es in einer Studie der Bank zu den deutschen Versicherern. Laut dieser Studie sind die noch nicht vorgenommenen Abschreibungen das größere Problem. Der Bedarf für das Jahr 2003 wird für die Versicherungsbranche auf 12 Mrd. Euro geschätzt. Im Jahr 2002 wurden 15 Mrd. Euro abgeschrieben. Große Gewinner des neuen Wahlrechts sind die Gesellschaften, die den § 341 b HGB am meisten genutzt haben, d.h. wenig abgeschrieben und damit hohe stille Lasten aufgebaut haben. Gemäß Studie sind dies die ERGO und Axa Deutschland. (8)

Weiterführende Literatur

(1) Wüpper, Thomas, Eichel rüffelt die Versicherer, Stuttgarter Zeitung vom 15.11.2003, S. 14

aus Börsen-Zeitung, 22.08.2003, Nummer 161, Seite 18

(2) Eichel zerstört Steuerträume der Versicherer
Finanzminister erteilt Absage an rückwirkende Erleichterung Von Herbert Fromme, Berlin
aus Financial Times Deutschland vom 14.11.2003, Seite 21

(3) Die stillen Retter
aus Der Spiegel, 20.10.2003, Nr. 43, Seite 26

(4) Steuererleichterung für Lebens- und Krankenversicherer Rückkehr ins alte Recht nur rückwirkend für 2003 - Assekuranz hofft auf Vermittlung - Versicherungsaktien gewinnen deutlich
aus Börsen-Zeitung, 14.10.2003, Nummer 197, Seite 17

(5) Eichel will Versicherer entlasten
Assekuranzbranche begrüßt Vorstoß / Kritik an Fristen für Rückwirkung / Aktienkurse schießen in die Höhe
aus Frankfurter Rundschau v. 14.10.2003, S.11, Ausgabe: S Stadt

(6) Versicherer sollen von Steuern entlastet werden
aus netzeitung.de vom 13.10.2003

(7) Versicherer kämpfen für Steuergeschenke
Assekuranz erleichtert über bereits geplante Änderungen · Technische Kritikpunkte an dem Gesetzentwurf

aus Financial Times Deutschland vom 14.10.2003, Seite 20

(8) "Gewinner der Steuerreform: Axa und Ergo"
Öffentlich-rechtlichen Versicherern drohen schwache Ratings - Studien von WestLB und Fitch
aus Börsen-Zeitung, 23.10.2003, Nummer 204, Seite 19

(9) Versicherer noch nicht am Ziel
aus Börsen-Zeitung, 14.10.2003, Nummer 197, Seite 1

(10) Regierung rettet die Versicherungen Die rot-grüne Koalition will die Spekulationslöcher in den Bilanzen der Assekuranz ausbügeln, indem sie das Steuerrecht ändert. Finanzminister Hans Eichel verzichtet damit auf mehr als fünf Milliarden Euro. Am Freitag entscheidet der Bundestag
aus taz, 14.10.2003, S. 8

(11) Versicherer werden steuerlich entlastet, Bonner General-Anzeiger vom 14.10.2003, S. 20, Bonner Stadtausgabe General-Anzeiger
aus taz, 14.10.2003, S. 8

(12) Schäfer, Ulrich, Eichel lehnt Milliardenhilfe für Versicherer ab, SZ vom 16.9.2003, Ausgabe Deutschland, S. 21
aus taz, 14.10.2003, S. 8

Impressum

Steuerrechtsänderungen für die Versicherungsbranche

Bibliografische Information der deutschen Nationalbibliothek

Die Deutsche Nationalbibliothek verzeichnet diese Publikation in der deutschen Nationalbibliografie; detaillierte bibliografische Daten sind im Internet über http://dnb.d-nb.de abrufbar.

ISBN: 978-3-7379-1310-2

© 2015 GBI-Genios Deutsche Wirtschaftsdatenbank GmbH, Freischützstraße 96, 81927 München, www.genios.de

Alle Rechte vorbehalten. Dieses Werk ist einschließlich aller seiner Teile – z.B. Texte, Tabellen und Grafiken - urheberrechtlich geschützt. Jede Verwertung außerhalb der Grenzen des Urheberrechtsgesetzes bedarf der vorherigen Zustimmung des Verlags. Dies gilt insbesondere auch für auszugsweise Nachdrucke, fotomechanische Vervielfältigungen (Fotokopie/Mikroskopie), Übersetzungen, Auswertungen durch Datenbanken oder ähnliche Einrichtungen und die Einspeicherung und Verarbeitung in elektronischen Systemen.